일러두기

1. 국가·지리 명칭은 《사회과 부도》에 따랐습니다.
2. 각 국가의 인구와 면적은 《사회과 부도》에 따랐으며, 2010년도 자료 기준입니다.
   총인구 조사는 10년에 1번 실시하므로 2010년도 자료가 최근입니다.
3. 맞춤법과 띄어쓰기는 국립국어원 표준국어대사전을 따랐습니다.

일러두기

1. 국가·지리 명칭은 《사회과 부도》에 따랐습니다.
2. 각 국가의 인구와 면적은 《사회과 부도》에 따랐으며, 2010년도 자료 기준입니다.
   총인구 조사는 10년에 1번 실시하므로 2010년도 자료가 최근입니다.
3. 맞춤법과 띄어쓰기는 국립국어원 표준국어대사전을 따랐습니다.

아메리카 오세아니아 지도 여행

아메리카는 길쭉길쭉 세모세모

예영 글 | 염예슬 그림

사계절

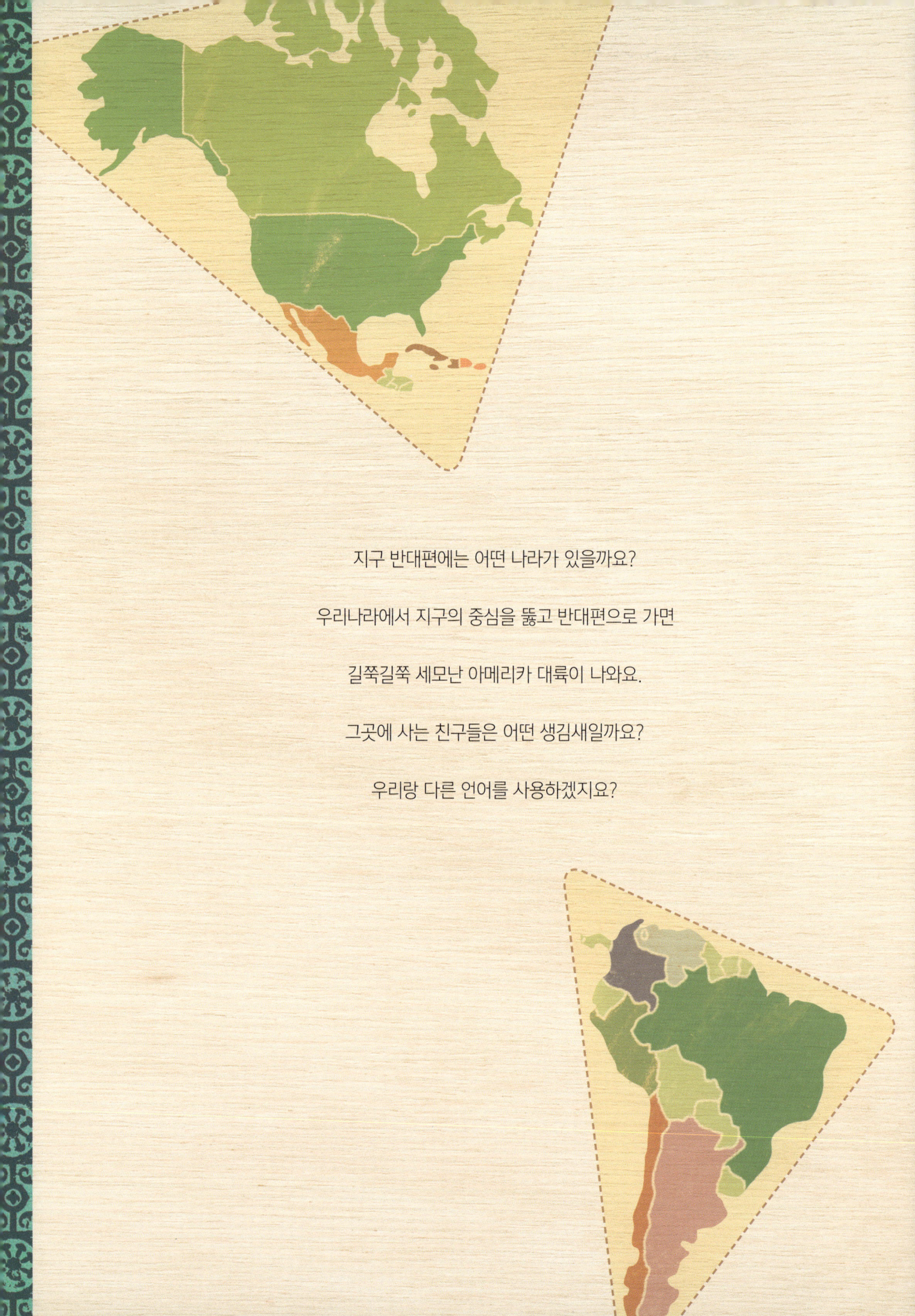

지구 반대편에는 어떤 나라가 있을까요?

우리나라에서 지구의 중심을 뚫고 반대편으로 가면

길쭉길쭉 세모난 아메리카 대륙이 나와요.

그곳에 사는 친구들은 어떤 생김새일까요?

우리랑 다른 언어를 사용하겠지요?

먹는 것, 입는 것, 노는 것, 생각하는 것도 많이 다를 거예요.

어쩌면 모든 게 정반대일지도 몰라요.

얼마나 다른지 한번 만나 볼까요?

세계를 이끌어 가는 아메리카

아메리카는 북쪽으로는 북극, 남쪽으로는 남극과 닿아 있어요. 세계에서 남북으로 가장 긴 대륙이지요. 전 세계 육지 면적의 28퍼센트를 차지하는 대륙에서 아메리카 원주민들은 아주 오래전부터 마야, 아즈텍, 잉카 등의 수준 높은 문명을 꽃피우고 발전시켰어요. 그러나 1492년 콜럼버스가 아메리카 대륙을 발견한 뒤, 유럽인들이 몰려와 식민지로 삼고 아프리카 흑인들을 노예로 끌고 오면서 큰 변화를 겪어야 했어요. 그 과정에서 오늘날의 아메리카가 만들어졌지요. 현재 아메리카에는 36개의 나라가 있으며 전 세계 인구의 약 14퍼센트가 살고 있어요. 아메리카는 지리적으로 북아메리카와 남아메리카로 나뉘고, 문화적으로는 앵글로아메리카, 라틴 아메리카로 나뉘어요.

북아메리카

북아메리카는 아메리카 대륙의 북부 지역이에요. 대륙 서쪽에는 로키산맥이 남북으로 뻗어 있고, 동쪽 지형은 낮아요. 중앙에는 넓은 평원이 있는데, 여기는 세계에서 가장 큰 식량 창고라고 불릴 만큼 많은 농산물과 축산물이 생산되어 수출되고 있어요. 지질 구조도 다양해서 석유, 석탄, 철광석 등 지하자원이 풍부하게 묻혀 있고, 자원들을 바탕으로 공업이 발달했지요. 북아메리카는 이 땅에 오래전부터 살아온 원주민의 문화에 유럽, 아시아, 아프리카에서 온 이민자들의 문화가 결합되어 다채로운 문화를 이루고 있어요.

1. 캐나다
수도: 오타와 / 인구: 35,363 / 면적: 9,985

2. 미국
수도: 워싱턴 D.C. / 인구: 323,996 / 면적: 9,827

3. 멕시코
수도: 멕시코시티 / 인구: 123,167 / 면적: 1,964

4. 쿠바
수도: 아바나 / 인구: 11,180 / 면적: 111

5. 바하마
수도: 나소 / 인구: 327 / 면적: 14

6. 과테말라
수도: 과테말라시티 / 인구: 15,190 / 면적: 109

7. 벨리즈
수도: 벨모판 / 인구: 354 / 면적: 23

8. 엘살바도르
수도: 산살바도르 / 인구: 6,157 / 면적: 21

9. 온두라스
수도: 테구시갈파 / 인구: 8,893 / 면적: 112

10. 니카라과
수도: 마나과 / 인구: 5,967 / 면적: 130

11. 코스타리카
수도: 산호세 / 인구: 4,873 / 면적: 51

12. 파나마
수도: 파나마시티 / 인구: 3,705 / 면적: 75

13. 자메이카
수도: 킹스턴 / 인구: 2,970 / 면적: 11

14. 아이티
수도: 포르토프랭스 / 인구: 10,486 / 면적: 28

15. 도미니카 공화국
수도: 산토도밍고 / 인구: 10,607 / 면적: 48

16. 앤티가 바부다
수도: 세인트존스 / 인구: 94 / 면적: 0.443

17. 도미니카 연방
수도: 로조 / 인구: 74 / 면적: 0.751

18. 세인트루시아
수도: 캐스트리스 / 인구: 164 / 면적: 0.616

19. 세인트빈센트 그레나딘
수도: 킹스타운 / 인구: 102 / 면적: 0.389

20. 바베이도스
수도: 브리지타운 / 인구: 291 / 면적: 0.43

21. 그레나다
수도: 세인트조지스 / 인구: 111 / 면적: 0.344

22. 트리니다드 토바고
수도: 포트오브스페인 / 인구: 1,220 / 면적: 5

23. 세인트키츠 네비스
수도: 바스테르 / 인구: 52 / 면적: 0.261

24. 그린란드
주도: 누크 / 인구: 57 / 면적: 2,166

인구: 천 명
면적: 천 ㎢

풍요의 나라, 캐나다

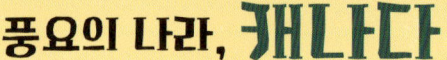

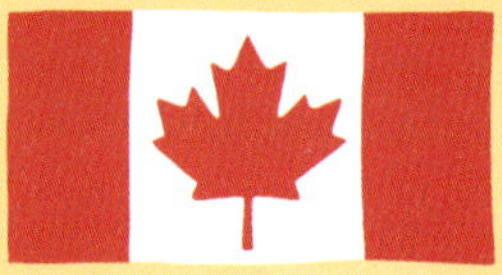

캐나다는 세계에서 두 번째로 큰 나라예요. 영토가 너무 넓어 지역마다 다른 시간대를 사용하고, 한 나라 안에서 다양한 자연환경을 만날 수 있어요. 천연자원도 풍부하고, 땅이 기름지고 넓어 대규모 농사를 지을 수 있지요. 이처럼 풍요로운 자연을 바탕으로 캐나다는 빠르게 성장해 왔고, 해마다 수십만 명씩 찾아오는 이민자들과 함께 늘 새롭게 변화하고 있어요.

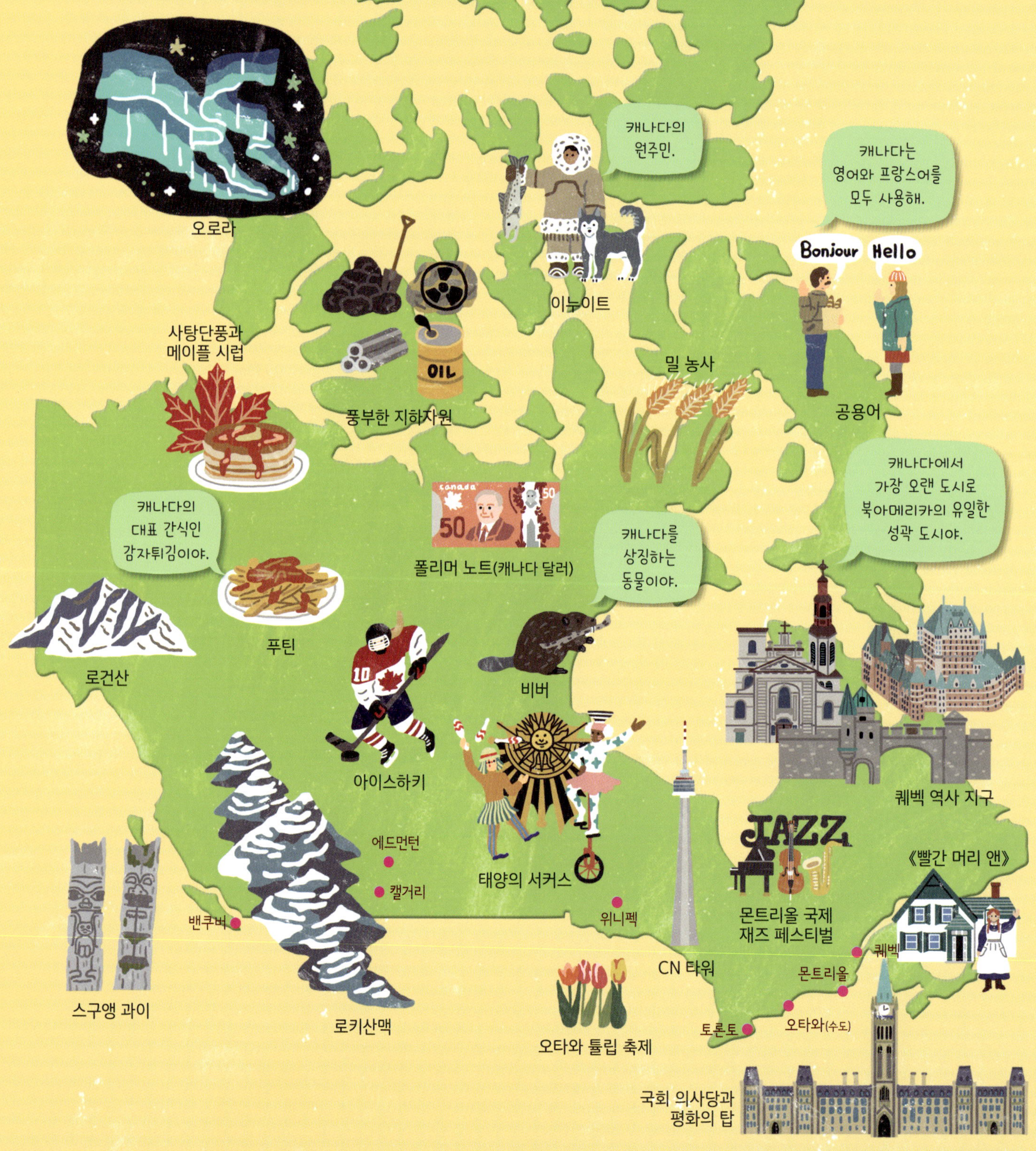

- 오로라
- 사탕단풍과 메이플 시럽
- 캐나다의 대표 간식인 감자튀김이야.
- 풍부한 지하자원
- 이누이트 — 캐나다의 원주민.
- 밀 농사
- 공용어 — 캐나다는 영어와 프랑스어를 모두 사용해.
- 폴리머 노트(캐나다 달러)
- 푸틴
- 로건산
- 아이스하키
- 비버 — 캐나다를 상징하는 동물이야.
- 태양의 서커스
- 퀘벡 역사 지구 — 캐나다에서 가장 오랜 도시로 북아메리카의 유일한 성곽 도시야.
- 에드먼턴
- 캘거리
- 밴쿠버
- 위니펙
- 스구앵 과이
- 로키산맥
- CN 타워
- 몬트리올 국제 재즈 페스티벌
- 《빨간 머리 앤》
- 퀘벡
- 몬트리올
- 토론토
- 오타와(수도)
- 오타와 튤립 축제
- 국회 의사당과 평화의 탑

세계에서 가장 크고 추운 섬, 그린란드

그린란드는 덴마크에 속해요. '초록의 땅'이라는 이름을 가졌지만 국토의 80퍼센트 이상이 두꺼운 얼음으로 뒤덮여서 매우 추워요. 하지만 얼음 밑에 수많은 천연자원이 묻혀 있어 보물 창고로 불리지요. 요즘 그린란드는 지구 온난화로 얼음이 빠른 속도로 녹아내리고 있어 고민이 많답니다.

세계 최강의 나라, 미국

미국은 콜럼버스가 아메리카 대륙을 발견한 후 영국이 식민 지배하던 나라에서 출발했어요. 미국인들은 1776년 영국과의 전쟁에서 이겨 독립한 이후 넓은 영토, 기름진 농토, 풍부한 천연자원을 바탕으로 빠르게 성장했어요. 오늘날 미국은 정치·경제·사회·문화 등 전 분야에서 세계를 주도하는 국가로 큰 영향력을 발휘하고 있답니다.

여러 문화가 합쳐진 나라, 멕시코

멕시코는 약 300년간 에스파냐의 지배를 받았던 탓에 멕시코 원주민의 고유문화와 유럽 문화가 섞인 독특한 문화를 가지고 있어요. 또 국민의 상당수가 백인과 인디언 혼혈이지요. 최근엔 국경을 맞대고 있는 미국의 영향을 많이 받아 북아메리카와 남아메리카의 문화가 공존하고 있어요.

과달루페 성모상

혁명의 나라, 쿠바

아메리카 대륙을 발견한 콜럼버스가 '세상에서 가장 아름다운 낙원'이라고 말했을 정도로 멋진 섬이에요. 하지만 쿠바의 상황은 경치만큼 평화롭지 않았어요. 오랫동안 에스파냐의 지배를 받으며 독립 전쟁을 벌였고, 독립 후에는 독재 정권을 무너뜨리기 위해 혁명 운동을 벌였거든요. 그 과정에서 쿠바는 아메리카 대륙 최초로 공산 국가가 되었답니다.

쿠바

허리케인

산티아고데쿠바 관타나모

산티아고데쿠바의 산 페드로 드 라 로카 요새

원주민 문화와 유럽, 아프리카 문화가 뒤섞여 탄생한 전통 음악이자 춤.

메렝게

칸쿤

치첸이트사의 카스티요

카니발

메렝게의 나라, 도미니카 공화국

도미니카 공화국은 오랜 세월 에스파냐와 프랑스의 지배를 받았어요. 프랑스령인 아이티에 점령당하는 고난을 겪다가 1844년에 독립을 이루었지요. 도미니카 공화국은 자연·지리적인 이유로 허리케인이 잦아서 큰 피해를 입거나 경제적으로도 어려움이 많아요. 하지만 도미니카 공화국 사람들은 경쾌한 전통 음악이자 춤인 메렝게의 정신을 지키며 밝게 이겨 나가고 있답니다.

남아메리카

남아메리카는 북아메리카 아래쪽에 세모 모양으로 생긴 대륙이에요. 대륙 서쪽에 높다란 안데스산맥이 척추처럼 길게 뻗어 있고, 그 산맥 높은 곳의 눈이 녹아 시작된 물이 동쪽으로 흐르며 수천 개의 강을 만나 세계에서 두 번째로 큰 아마존강을 이루지요. 적도에 놓여 있는 북부 지역은 덥고 습한 반면, 남부 지역은 남극에서 불어오는 바람 때문에 추워요. 남아메리카는 1600년대 에스파냐의 침략을 받아 오랜 세월 지배를 받다 독립했기 때문에 유럽의 영향을 많이 받았어요. 그래서 에스파냐인과 원주민 사이에서 태어난 혼혈인이 많고, 대부분 에스파냐어를 사용해요.

1. 콜롬비아
수도: 산타페데보고타 / 인구: 47,221 / 면적: 1,139

2. 베네수엘라
수도: 카라카스 / 인구: 30,912 / 면적: 912

3. 가이아나
수도: 조지타운 / 인구: 736 / 면적: 215

4. 수리남
수도: 파라마리보 / 인구: 586 / 면적: 164

5. 프랑스령 기아나
주도: 카옌 / 인구: 255 / 면적: 84

6. 에콰도르
수도: 키토 / 인구: 16,081 / 면적: 284

7. 페루
수도: 리마 / 인구: 30,741 / 면적: 1,285

8. 브라질
수도: 브라질리아 / 인구: 205,824 / 면적: 8,515

9. 볼리비아
수도: 라파스 / 인구: 10,970 / 면적: 1,099

10. 칠레
수도: 산티아고 / 인구: 17,650 / 면적: 756

11. 아르헨티나
수도: 부에노스아이레스 / 인구: 43,887 / 면적: 2,780

12. 파라과이
수도: 아순시온 / 인구: 6,863 / 면적: 407

13. 우루과이
수도: 몬테비데오 / 인구: 3,351 / 면적: 176

인구: 천 명
면적: 천 ㎢

커피의 나라, 콜롬비아

콜롬비아는 안데스산맥 북부에 위치해 있어서 지대가 높지만, 1년 내내 날씨가 온화하고 비가 알맞게 내려요. 흙에는 화산재가 섞여 있어 땅이 아주 기름지지요. 이런 자연환경은 커피를 재배하기에 아주 좋아요. 덕분에 콜롬비아는 브라질에 이은 세계 제2의 커피 생산국이자 수출국이 되었고, 뛰어난 향과 감칠맛 나는 커피로 유명하답니다.

석유와 미인의 나라, 베네수엘라

 베네수엘라는 자연의 혜택을 많이 받은 나라예요. 1981년 마라카이보 호수에서 석유가 나오면서 세계에서 다섯 번째로 원유를 생산하는 나라가 되었지요. 천연가스, 금, 다이아몬드 등의 지하자원도 풍부해요. 이런 자원을 바탕으로 빠르게 발전했지만 아쉽게도 정치·사회적으로 큰 혼란을 겪고 있어요.

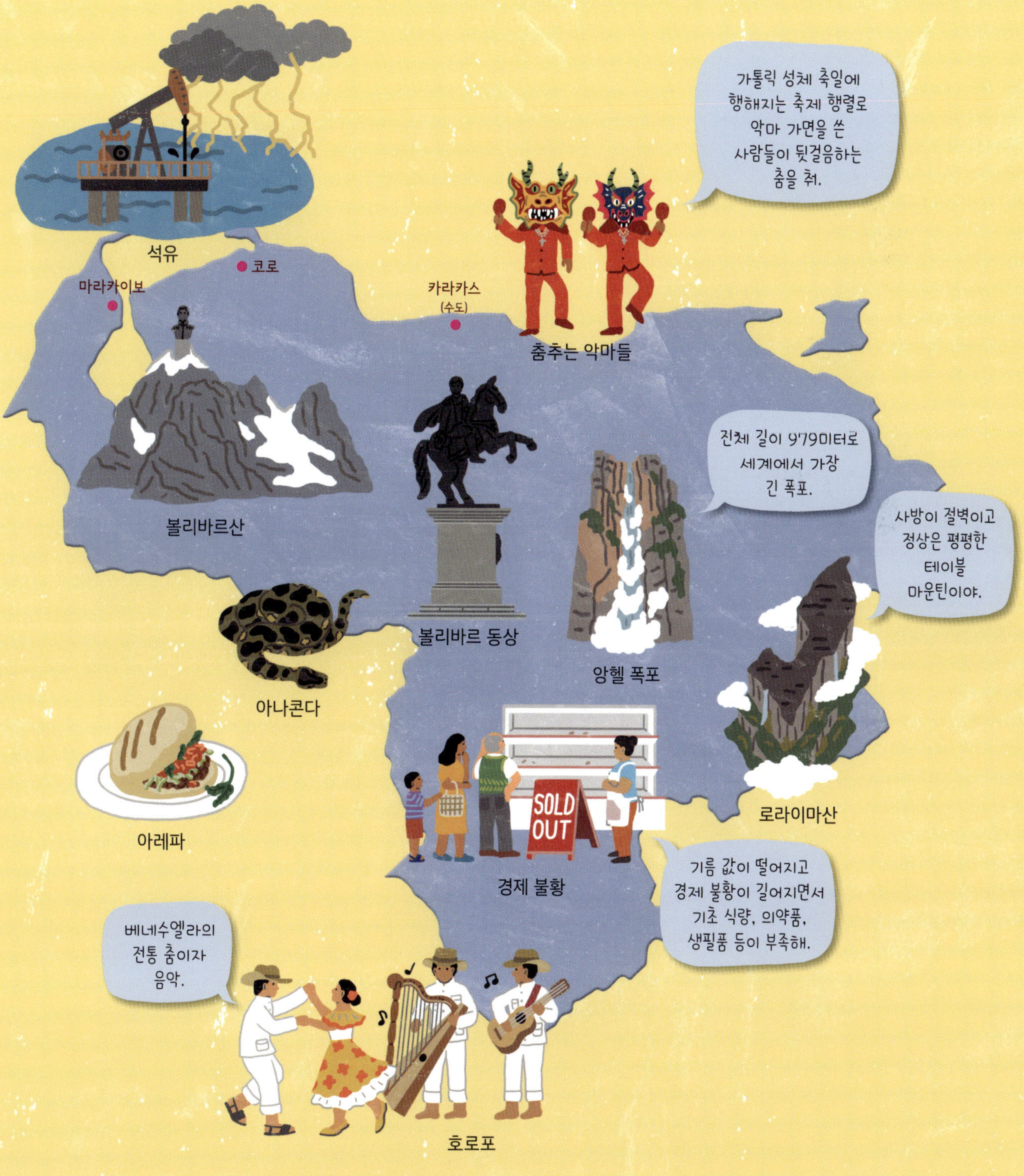

석유 · 마라카이보 · 코로 · 카라카스(수도)

춤추는 악마들 — 가톨릭 성체 축일에 행해지는 축제 행렬로 악마 가면을 쓴 사람들이 뒷걸음하는 춤을 춰.

볼리바르산

볼리바르 동상

아나콘다

아레파

앙헬 폭포 — 전체 길이 979미터로 세계에서 가장 긴 폭포.

로라이마산 — 사방이 절벽이고 정상은 평평한 테이블 마운틴이야.

경제 불황 — 기름 값이 떨어지고 경제 불황이 길어지면서 기초 식량, 의약품, 생필품 등이 부족해.

호로포 — 베네수엘라의 전통 춤이자 음악.

커피와 축구와 축제의 나라, 브라질

남아메리카에서 가장 큰 나라인 브라질은 곳곳에 광물 자원이 가득하고 석유도 풍부해요. 세계에서 두 번째로 긴 아마존강은 지구의 허파 구실을 하지요. 브라질은 월드컵에서 5번이나 우승했으며, 리우데자네이루에서 열리는 리우 카니발은 세계인이 함께 즐기는 축제예요. 참! 세계인의 입맛을 사로잡은 브라질의 커피도 빼놓을 수 없는 자랑거리랍니다.

- 아마존강
- 벨렝
- 사탕수수
- 철광석 / 보크사이트 / 크로뮴
- 풍부한 광물 자원
- 브라질의 대표적 원주민.
- 마나우스
- 투피족
- 사탕수수를 원료로 만들어 내는 친환경 에너지야.
- 상루이스
- 바이오 에탄올
- 세라 다 카피바라 국립 공원과 바위그림
- 헤시피
- 마세이오
- 브라질 사람들에게 가장 인기 있는 국민 스포츠야.
- 축구
- 카포에이라
- 브라질리아 (수도)
- 《나의 라임 오렌지 나무》
- 사우바도르
- 포르투갈로부터의 독립 100주년을 기념하기 위해 세운 거대한 예수상.
- 최첨단 기술
- 전통 의상 바이아나
- 코르코바도산의 구원의 예수상
- 캄푸그란지
- 벨루오리존치
- 석유
- 판타날 보존 지구
- 세계 제일의 커피 생산국.
- 이구아수 폭포
- 리우데자네이루
- 상파울루
- 커피
- 세계 오렌지의 80퍼센트가 브라질에서 생산돼.
- 페이조아다
- 리우 카니발
- 오렌지
- 쇠고기

수준 높은 문명의 나라, 페루

남아메리카의 안데스산맥에 자리 잡은 페루는 잉카 문명이 탄생한 곳이에요. 옛 잉카 사람들은 태양을 '생명을 주는 힘'이라고 믿었어요. 그리고 뛰어난 수준의 천문학, 수학, 과학 기술로 2,430미터 높이의 산꼭대기에 '마추픽추'라는 공중 도시를 세웠지요. 페루 사람들은 옛 잉카인들이 남긴 유적과 유물을 자랑스럽게 여긴답니다.

포도주의 나라, 칠레

칠레는 세계에서 가장 길쭉하고 가늘게 생긴 나라예요. 북부는 사막 지대이고, 중부는 비교적 따뜻한 날씨에 여름보다 비가 많이 오고, 남부는 남극과 가까워 매우 추워요. 중부는 포도를 재배하기에 아주 알맞아요. 최근 칠레는 품질 좋은 포도주를 생산하는 나라로 새롭게 떠오르고 있어요.

- 달의 표면처럼 울퉁불퉁하고 메마른 사막 지대. — 달의 계곡
- 이키케
- 구리
- 아타카마 사막
- 소금 호수
- 이스터섬에는 사람 얼굴 모양의 거대 돌 조각상이 절벽이나 해안을 따라 세워져 있어. — 모아이 거석상
- 아르마스 광장
- 산티아고 대성당
- 대니얼 디포의 소설 《로빈슨 크루소》의 실제 배경이 된 섬. — 로빈슨크루소섬
- 산티아고(수도)
- 중앙 시장
- 푸에르토몬트
- 칠레의 전통 의상
- 닭고기와 해산물, 떡 등을 섞어 만든 칠레의 전통 음식. — 쿠란토
- 화산 폭발과 지진
- 포도와 포도주
- 남녀가 서로 손수건을 흔들며 사랑을 속삭이는 칠레의 전통 춤. — 쿠에카
- 남극 대륙으로 가기 위한 출발지야. — 푼타아레나스 항구

오세아니아

오세아니아는 오스트레일리아와 뉴질랜드, 남태평양에 있는 1만여 개의 작은 섬들로 이루어진 대륙이에요. 오세아니아의 섬들은 대부분 화산섬이거나 산호섬이고, 사방에 흩어져 있어서 지역마다 기후가 다르다는 특징이 있어요. 유럽인이 발견한 오세아니아는 에스파냐, 네덜란드, 영국, 프랑스 등에 점령되어 지배를 받다가 1960년대 이후 파푸아 뉴기니, 투발루 등 여러 나라가 속속 독립하고 있어요. 오스트레일리아와 뉴질랜드는 세계 각국에서 온 다양한 인종의 사람들이 살며 주로 영어를 사용해요. 그러나 남태평양의 섬나라들에는 원래부터 살던 작은 부족들이 지금까지도 남아 자기들만의 전통과 문화를 지키며 살고 있어요.

1. 팔라우
수도: 멜레케오크 / 인구: 21 / 면적: 0.459

2. 미크로네시아 연방
수도: 팔리키르 / 인구: 105 / 면적: 0.702

3. 마셜 제도
수도: 마주로 / 인구: 73 / 면적: 0.181

4. 나우루
수도: 야렌 / 인구: 9 / 면적: 0.021

5. 파푸아 뉴기니
수도: 포트모르즈비 / 인구: 6,791 / 면적: 463

6. 솔로몬 제도
수도: 호니아라 / 인구: 635 / 면적: 29

7. 투발루
수도: 푸나푸티 / 인구: 11 / 면적: 0.026

8. 키리바시
수도: 타라와 / 인구: 107 / 면적: 0.811

9. 오스트레일리아
수도: 캔버라 / 인구: 22,993 / 면적: 7,741

10. 바누아투
수도: 빌라 / 인구: 278 / 면적: 12

11. 사모아
수도: 아피아 / 인구: 199 / 면적: 3

12. 피지
수도: 수바 / 인구: 915 / 면적: 18

13. 통가
수도: 누쿠알로파 / 인구: 107 / 면적: 0.747

14. 뉴질랜드
수도: 웰링턴 / 인구: 4,475 / 면적: 268

인구: 천 명
면적: 천 km²

전 세계인이 하나가 된 나라, 오스트레일리아

오스트레일리아는 세계에서 여섯 번째로 큰 나라예요. 원래 이 땅에는 수만 년 전부터 원주민이 살았지만, 지금은 전 세계에서 온 다양한 인종의 사람들이 모여 다민족 국가를 이루고 있지요. 오스트레일리아는 드넓은 영토와 풍부한 천연자원, 아름다운 자연환경 등을 바탕으로 세계적인 농업 생산국, 육류 생산국, 관광국으로 발돋움하고 있어요.

양과 키위의 나라, 뉴질랜드

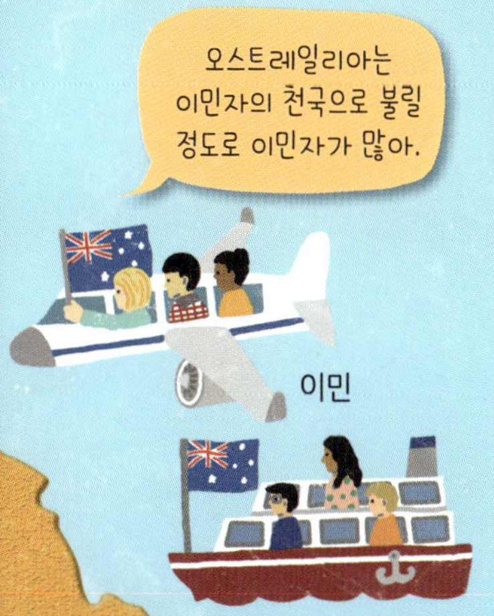

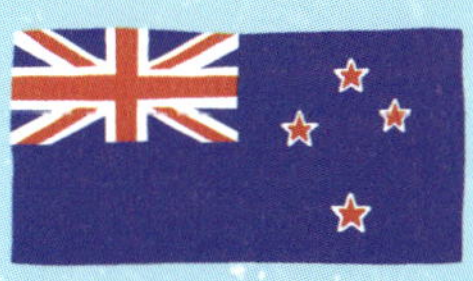

뉴질랜드는 북섬과 남섬으로 이루어져 있어요. 화산 활동으로 생겨난 북섬은 날씨가 따뜻해서 사람들이 많이 모여 살고, 새콤달콤한 과일 키위가 자라요. 남극 대륙에서 떨어져 나온 남섬은 날씨가 추워서 사람이 거의 살지 않고, 뒤뚱뒤뚱 걷는 새 키위가 살지요. 뉴질랜드에서는 사람보다 15배나 많은 수의 양을 맑고 깨끗한 자연환경 속에서 키우고 있어요. 양털은 전 세계로 수출된답니다.

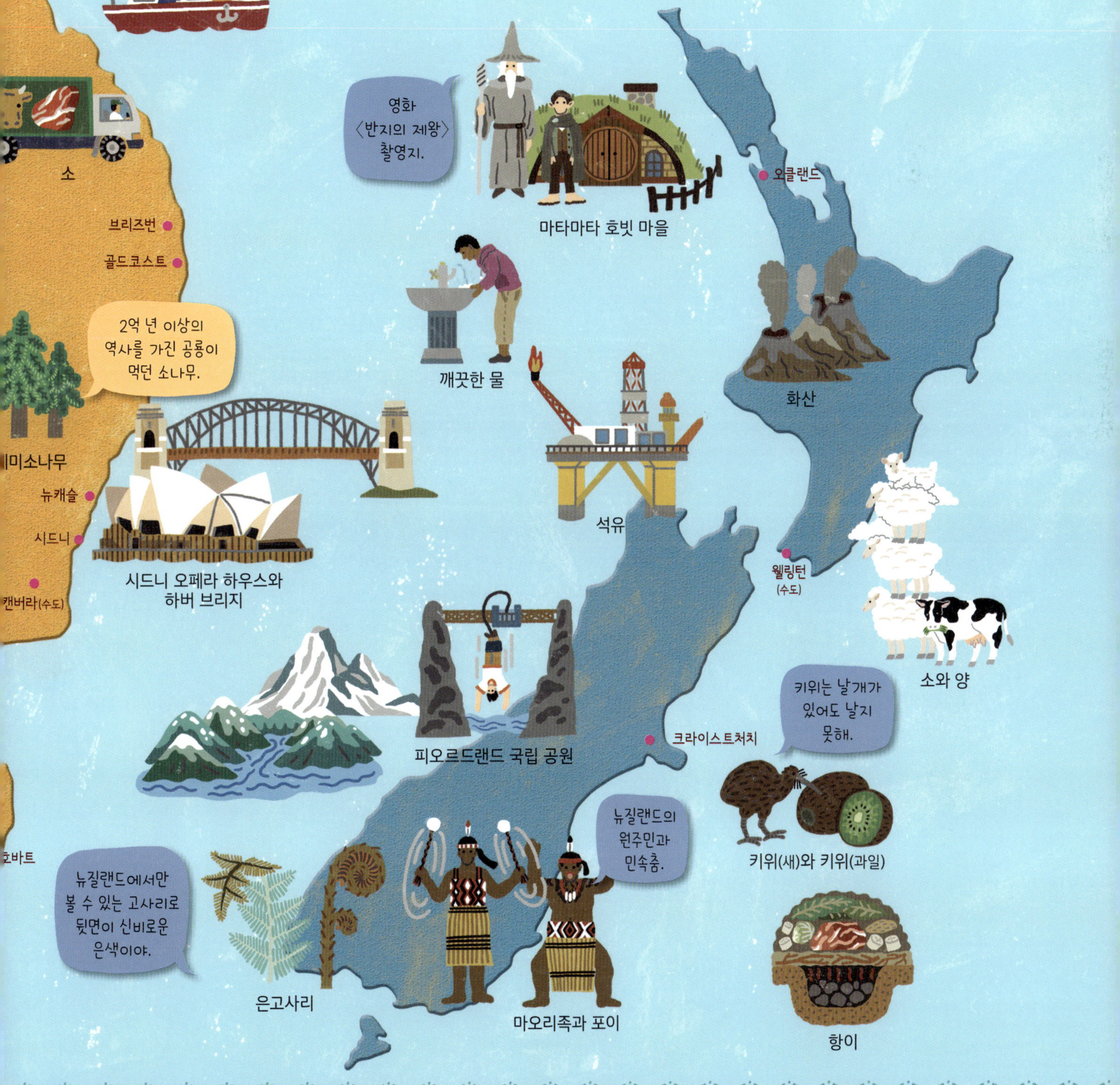

- 오스트레일리아는 이민자의 천국으로 불릴 정도로 이민자가 많아.
- 이민
- 소
- 브리즈번
- 골드코스트
- 2억 년 이상의 역사를 가진 공룡이 먹던 소나무.
- 미소나무
- 뉴캐슬
- 시드니
- 캔버라(수도)
- 시드니 오페라 하우스와 하버 브리지
- 호바트
- 영화 〈반지의 제왕〉 촬영지.
- 마타마타 호빗 마을
- 오클랜드
- 깨끗한 물
- 화산
- 석유
- 웰링턴 (수도)
- 소와 양
- 피오르드랜드 국립 공원
- 크라이스트처치
- 키위는 날개가 있어도 날지 못해.
- 키위(새)와 키위(과일)
- 뉴질랜드에서만 볼 수 있는 고사리로 뒷면이 신비로운 은색이야.
- 은고사리
- 뉴질랜드의 원주민과 민속춤.
- 마오리족과 포이
- 항이

원시 부족의 나라, 파푸아 뉴기니

 파푸아 뉴기니는 세계에서 두 번째로 큰 섬인 '뉴기니섬'의 동쪽 절반과 여러 섬들로 이루어진 나라예요. 이곳에는 현대 문명에 물들지 않은 원시 부족이 우거진 열대림이나 해안가에 모여 살며 그들만의 전통과 문화를 지키고 있어요. 부족마다 사용하는 언어도 저마다 달라서 800가지가 넘어요.

바누아투

지진

모래 그림

조상으로부터 전해 내려오는 전설, 노래, 의식 등을 땅바닥, 모래, 화산재, 점토 위에 손가락으로 그린 그림.

빌라(수도)

카바

파푸아 뉴기니의 전통 가옥

파푸아 뉴기니의 국기 문양이자 나라를 대표하는 동물.

극락조

파푸아 뉴기니

블루 마운틴 커피

지진과 쓰나미

파푸아 뉴기니의 문화 중심지 고로카에서 펼쳐지는 문화 축제. 파푸아 뉴기니의 전통 음악과 춤인 '싱싱'이 공연돼.

무무

파푸아 뉴기니의 전통 음식.

포트모르즈비(수도)

고로카 쇼

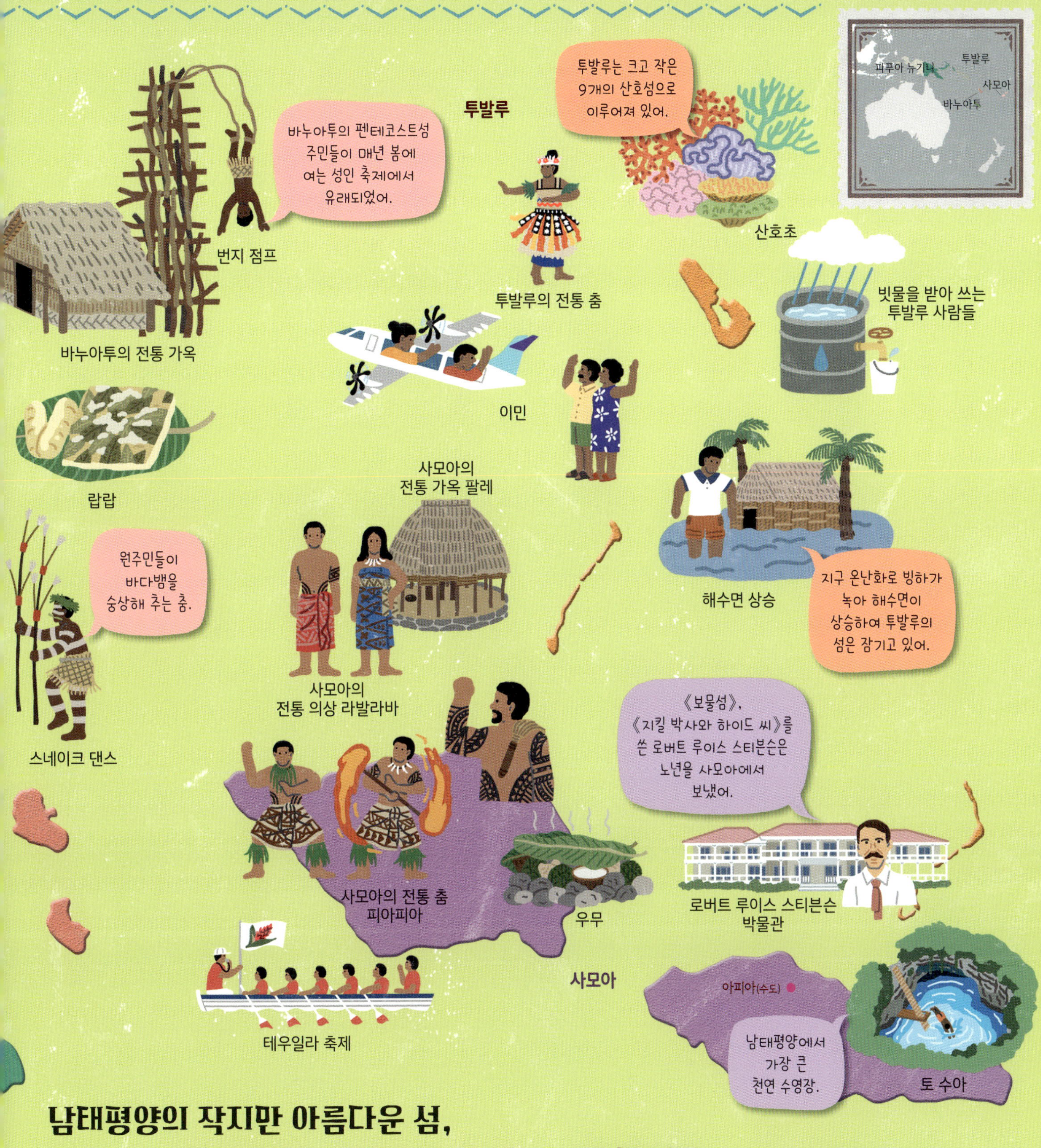

파푸아 뉴기니
투발루
사모아
바누아투
투발루
투발루는 크고 작은 9개의 산호섬으로 이루어져 있어.
바누아투의 펜테코스트섬 주민들이 매년 봄에 여는 성인 축제에서 유래되었어.
번지 점프
바누아투의 전통 가옥
투발루의 전통 춤
산호초
빗물을 받아 쓰는 투발루 사람들
이민
랍랍
사모아의 전통 가옥 팔레
원주민들이 바다뱀을 숭상해 추는 춤.
스네이크 댄스
사모아의 전통 의상 라발라바
해수면 상승
지구 온난화로 빙하가 녹아 해수면이 상승하여 투발루의 섬은 잠기고 있어.
《보물섬》, 《지킬 박사와 하이드 씨》를 쓴 로버트 루이스 스티븐슨은 노년을 사모아에서 보냈어.
사모아의 전통 춤 피아피아
우무
로버트 루이스 스티븐슨 박물관
테우일라 축제
사모아
아피아(수도)
남태평양에서 가장 큰 천연 수영장.
토 수아

남태평양의 작지만 아름다운 섬,

투발루, 바누아투, 사모아

남태평양에는 작지만 아름다운 섬들이 셀 수 없을 정도로 많아요. 9개의 산호섬으로 이루어진 투발루는 지구 온난화로 바닷물의 높이가 높아져 섬이 조금씩 가라앉고 있어요. 지진이 자주 일어나는 바누아투는 세계에서 가장 가난하지만 가장 행복한 나라로 유명하지요. 아름다운 섬으로 손꼽히는 사모아는 1년 내내 관광객들의 발길이 끊이질 않아요.

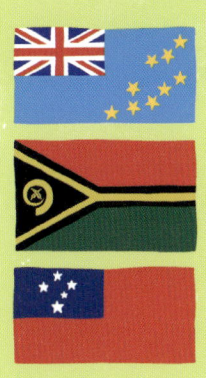

화려하게 빛났던 아메리카 원주민들의 문명

1492년 콜럼버스가 아메리카를 발견하기 전에 이 땅에는 이미 사람들이 살고 있었어요. 이들을 '아메리카 원주민'이라고 해요. 원주민들은 오래전부터 아메리카 대륙 곳곳에 모여 살면서 다양한 문화를 꽃피웠어요. 북아메리카에서는 아나사지, 모골론, 호호캄 문명을 일으켰고, 중앙·남아메리카에서는 아즈텍, 마야, 잉카 문명 등 수준 높은 고대 문명을 일으켰답니다.

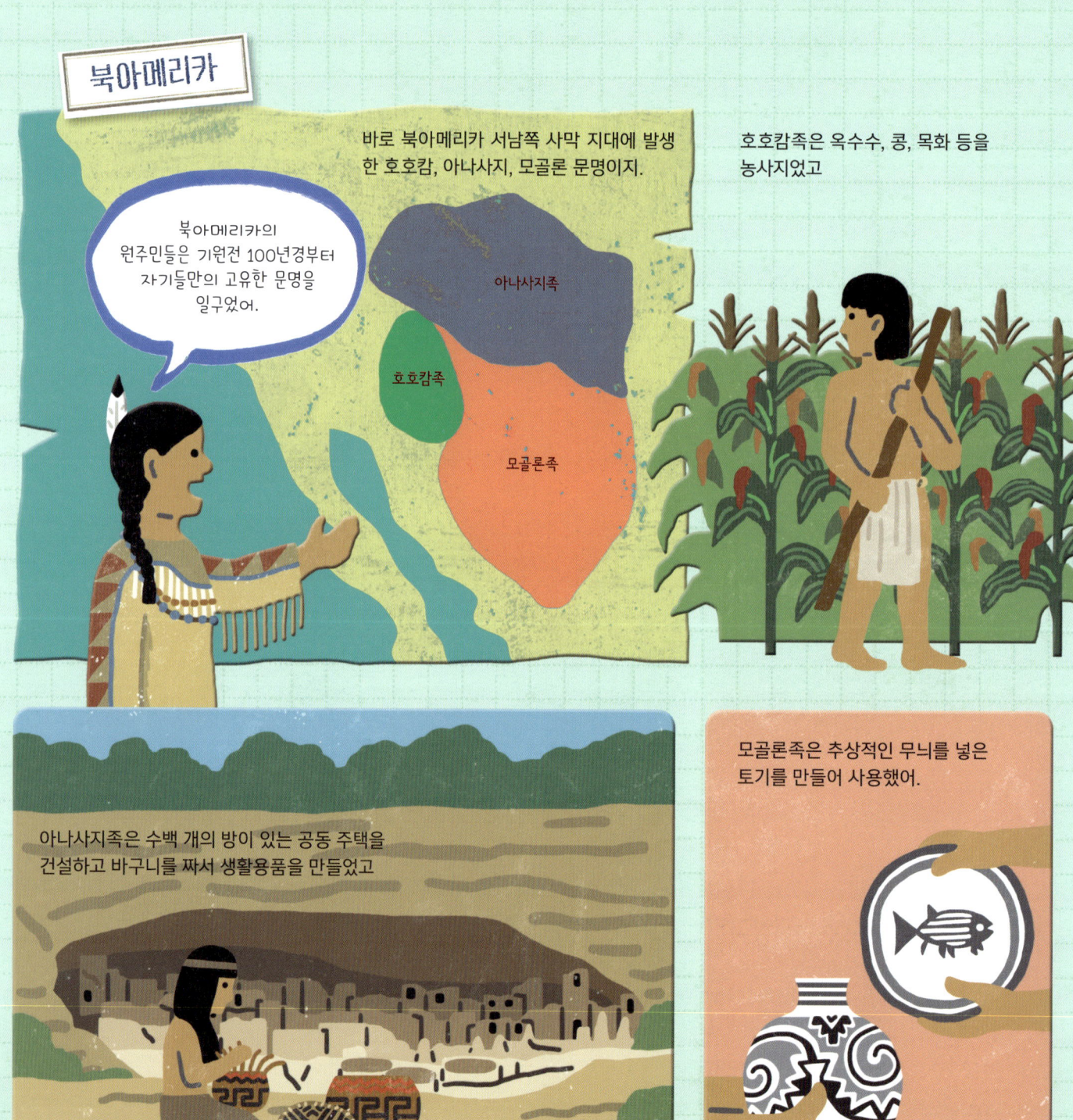

중앙아메리카

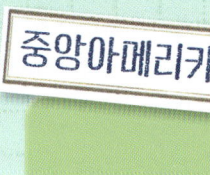 멕시코 남동부 지역에서는 기원전부터 10세기까지 마야인들이 이룬 마야 문명이 발달했어.

마야인들은 아메리카 대륙에서 유일하게 완전한 표기법을 갖춘 문자를 사용했고, 1년의 길이를 거의 정확하게 알 만큼 천문, 수학, 역법에 뛰어났어.

1년의 길이 = 365.242일

13~16세기에는 아즈텍 제국 사람들이 멕시코 높은 지대에 '테노치티틀란'이라는 수상 도시를 세우고 아즈텍 문명을 탄생시켰어.

아즈텍 문명 / 마야 문명 / 잉카 문명

아즈텍 사람들은 뛰어난 수준의 천문학과 역학을 바탕으로 만든 달력을 사용했지.

남아메리카

 남아메리카의 안데스 지방에도 1200년부터 잉카 제국 사람들에 의해 잉카 문명이 발달했어.

잉카인들은 해발 2,430미터의 산꼭대기에 '마추픽추'라는 공중 도시를 건설했는데

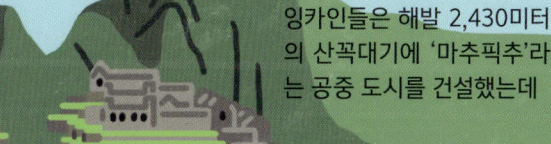

돌 다루는 기술이 뛰어났고, 글자 대신 끈에 매듭을 지은 '키푸'라는 문자를 사용했지.

이처럼 고대인들의 뛰어난 문명은 오늘날 아메리카를 발전시킨 바탕이 되었어.

신나고 의미 있는 아메리카와 오세아니아의
명절과 축제

아메리카와 오세아니아에도 모든 이들이 함께 즐기는 명절이 있어요. 기독교인이 많은 북아메리카에서는 '추수 감사절'이 아주 중요한 명절이지요. 남아메리카에서는 페루의 '태양제'처럼 오랫동안 이 땅에 살아온 원주민들의 전통을 이은 축제가 많아요. 이 같은 명절과 축제에는 그 지역의 고유한 역사, 문화, 전통이 담겨 있어요.

오스트레일리아의 시드니 페스티벌
매년 1월에 3주 동안 열리는 시드니 페스티벌은 오스트레일리아의 가장 큰 문화 예술 행사이자 축제야.

캐나다의 퀘벡 윈터 카니발
세계 3대 겨울 축제 중 하나야. 혹독한 겨울을 흥겹게 보내기 위한 작은 마을 축제에서 시작되었대.

도미니카 공화국의 카니발
매년 2월 한 달간 매주 일요일마다 열리는 도미니카 공화국의 가장 전통 있는 대중 축제야.

브라질의 리우 카니발
세계 3대 축제 중 하나로 리우데자네이루에서 열려. 음악에 맞춰 삼바를 추는 삼바 퍼레이드가 핵심이야.

오스트레일리아의 크리스마스
오스트레일리아의 12월은 한여름으로 가장 더운 시기에 크리스마스를 즐기지.

뉴질랜드의 마타리키 축제
매년 6월에서 7월 사이 한 달 동안 마오리족의 설날인 마타리키를 축하하는 축제야.

페루의 태양제
한 해 동안 농작물을 자라게 해 준 태양에 감사하며, 풍년을 기원하는 '태양제'를 지내.

하와이의 알로하 페스티벌
1년 중 가장 날씨가 좋은 9월 동안 와이키키에서 열리는 축제야. 흥겨운 훌라춤, 우쿨렐레 공연 등 다양한 행사가 펼쳐지지.

파푸아 뉴기니의 싱싱 축제
8월에 부족별로 전통 의상을 입고 춤과 노래를 선보이는 싱싱 축제를 열어.

멕시코의 죽은 자들의 날
매년 10월 31일부터 11월 2일까지 사흘에 걸쳐 열리는 축제로 죽은 자들이 1년에 한 번 찾아오는 날을 기리는 거야.

미국의 핼러윈 데이
10월 31일 밤에 죽음의 신을 찬양하고 새해와 겨울을 맞는 축제. 도깨비, 마녀, 해적 등으로 꾸민 아이들이 집집마다 다니며 초콜릿이나 사탕을 얻어.

멕시코의 과달루페 성모 발현 축일
매년 12월 12일은 멕시코 최대 명절로 원주민 '성 후안 디에고'에게 갈색 피부의 과달루페 성모가 나타났던 것을 기념하는 날이야.

미국과 캐나다의 추수 감사절
기독교 신자들이 신에게 한 해 동안의 수확을 감사하는 의미에서 여는 축제야. 가족이 모여 칠면조 고기, 호박 파이 등 여러 가지 음식을 먹어.

독특하고 다양한 동물

아메리카는 남북으로 길쭉해서 세상의 모든 날씨를 만날 수 있어요. 또 지형도 다양해서 각 자연 조건에 맞는 각양각색의 동물이 살고 있어요. 추운 북쪽 지역에는 북극곰과 순록이 살고, 더운 남쪽 지역에는 큰개미핥기나 아르마딜로 같은 특이한 동물이 많답니다. 적도 부근의 아마존강 유역에는 분홍돌고래 보토와 나무늘보 같은 멸종 위기의 동물들이 모여 살아요.

북아메리카에 사는 동물들

겉으로는 순하게 생겼지만 사실은 매우 사나운 동물이라고.

추운 북극 지방(캐나다 북부, 그린란드)에 사는
북극곰

캐나다 북극해, 그린란드 주변에 사는
흰돌고래

우리에게 고기, 유제품, 가죽 등을 줘서 고마워.

알래스카, 캐나다, 그린란드에 사는
순록

두꺼운 지방층이 있어서 북극의 매서운 추위로부터 몸을 보호할 수 있어.

북극해에 사는
바다표범

난 캐나다를 대표하는 동물이야.

북아메리카에 사는
비버

난 미국을 대표하는 나라 새야.

북·중앙아메리카에 사는
라쿤 (미국너구리)

북아메리카에 사는
흰머리수리

미국, 캐나다, 멕시코 등에 사는
퓨마

오세아니아에 사는 동물들

- 배에 달린 주머니에서 새끼를 키우는 캥거루.
- 오직 앞으로만 달릴 수 있는 덩치 큰 새 에뮤.
- 유칼립투스 잎사귀만 먹고 사는 코알라.
- 날지 못하는 새 키위는 뉴질랜드에서만 만날 수 있어.

남아메리카에 사는 동물들

- 생태계가 파괴되어 수가 줄고 있어.
- 난 세상에서 가장 게으른 동물이야.
- 등딱지가 특이하게 생겼지?

에콰도르령 갈라파고스 제도에 사는
갈라파고스땅거북

남아메리카의 아마존강에 사는
분홍돌고래 보토

아마존강에 사는
피라니아

브라질 남부에서 아르헨티나의 북부에 사는
나무늘보

중앙아메리카, 남아메리카의 강가 숲에 사는
이구아나

안데스산맥의 바위산에 사는
콘도르

남아메리카 아르헨티나의 초원이나 반사막 지대에 사는
아르마딜로

남아메리카와 중앙아메리카에 걸쳐 두루 사는
큰개미핥기

세계의 리더가 된 인물

세상을 변화시키고 발전시키는 힘은 무엇일까요? 과학 기술, 첨단 기계, 종교, 교육 등 여러 가지가 있겠지만 그중에서 가장 큰 힘은 바로 '사람'일 거예요. 아메리카와 오세아니아에는 각 분야에서 최선을 다해 큰 성과를 거둔 인물들이 많아요. 나라마다 자랑하는 인물들을 만나 보아요.

시몬 볼리바르
(1783~1830)
남아메리카의 독립 운동 지도자. 콜롬비아, 베네수엘라, 에콰도르, 페루, 볼리비아를 에스파냐의 식민 통치로부터 해방시켰어.

에이브러햄 링컨
(1809~1865)
미국의 제16대 대통령. 1863년 노예 해방령을 선포하고 남북 전쟁을 승리로 이끌어 통일된 미국을 건설했어.

토머스 에디슨
(1847~1931)
미국의 천재 발명가. 그중에서도 백열전구를 개선, 발전시켜 인류의 밤 문화를 바꾸어 놓았지.

노먼 베순
(1890~1939)
캐나다의 의사. 가난한 노동자와 빈곤층 치료와 의료 개혁에 앞장섰어.

프리다 칼로
(1907~1954)
멕시코의 국민 화가. 버스 폭발 사고를 당한 뒤, 병상에 누워 지내면서 삶을 향한 강한 의지를 그림에 담았어.

에드먼드 힐러리
(1919~2008)
뉴질랜드의 등반가이자 탐험가. 1953년 세계 최초로 에베레스트산을 정복했어. 20세기의 가장 위대한 탐험가 중 한 사람이야.

피델 카스트로
(1926~2016)
쿠바의 전설적인 혁명가. 공산 정권을 세워 무려 49년간 쿠바를 통치했어. 세계에서 가장 오래 집권한 지도자로 기네스북에 올라 있지.

체 게바라
(1928~1967)
아르헨티나 출신의 쿠바 공산주의 혁명가. 라틴 아메리카 민중 혁명을 위해 싸웠어. '쿠바의 영원한 친구'로 불려.

루퍼트 머독
(1931~)

오스트레일리아 출신의 기업인. 뉴욕포스트, 타임스, 20세기 폭스 등을 소유한 재벌로 막강한 영향력을 가지고 있어.

빅토르 하라
(1932~1973)

칠레의 대표 민중 가수. 1960~1970년대에 강대국에 탄압을 받는 칠레의 현실과 사회적 불평등, 민족성을 일깨우는 노래를 불렀어.

페르난도 보테로
(1932~)

콜롬비아의 화가이자 조각가. 대상을 본래 크기보다 확대해서 표현하는 기법을 사용한 그림들로 유명해.

호세 무히카
(1935~)

우루과이의 제40대 대통령. '세계에서 가장 가난한 대통령'으로 불리며, 비리가 없는 정치인으로 사랑과 존경을 받고 있어.

펠레
(1940~)

브라질 출신의 세계 최고 축구 선수. 브라질에 세 차례나 월드컵 우승 트로피를 안겨 주었어.

룰라 다 실바
(1945~)

브라질의 노동 운동가이자 전 정치인. 공장 노동자에서 브라질의 대통령이 된 인물로, 가난한 이들의 희망이 되었어.

빌 게이츠
(1955~)

미국의 기업가. 마이크로소프트사를 설립했어. 지금은 경영에서 손을 떼고 자선 활동에 전념하며 노블레스 오블리주의 모범을 보이고 있어.

스티브 잡스
(1955~2011)

애플사의 창업자. 매킨토시를 선보였고, 아이폰과 아이패드를 출시하여 IT 업계에 큰 획을 그었어.

오스카르 로메로
(1917~1980)

엘살바도르 출신의 로마 가톨릭교회 대주교. 엘살바도르 군사 독재 정권이 민주화 운동을 탄압하자 비폭력 투쟁을 벌이다 암살당했어.

마이클 잭슨
(1958~2009)

'팝의 황제'로 불리던 미국 출신의 가수. 7억만 장 이상의 음반 판매를 올리며 1980~1990년대 팝 시장을 주름잡았어.

자연이 준 선물, 천연자원

아메리카는 어느 대륙보다 천연자원이 풍부해요. 석유, 석탄, 천연가스, 철광석, 에메랄드 등 종류도 많고 양도 풍부하지요. 최근에는 스마트폰의 배터리를 만들 때 꼭 필요한 리튬이 볼리비아에서 발견되어 주목받고 있어요. 또 그린란드의 두꺼운 얼음 속에는 아직 개발되지 않은 천연자원이 무궁무진하대요.

베네수엘라 석유

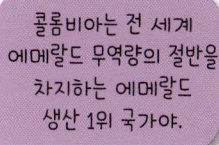
콜롬비아는 전 세계 에메랄드 무역량의 절반을 차지하는 에메랄드 생산 1위 국가야.

베네수엘라는 석유 매장량 세계 1위 국가야.

콜롬비아 에메랄드

가이아나 보크사이트

페루 은

에콰도르 석유

볼리비아 리튬

브라질에서 나는 철광석은 질도 좋고 양도 많아.

브라질 철광석

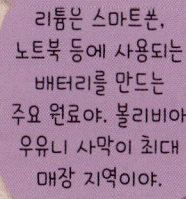
리튬은 스마트폰, 노트북 등에 사용되는 배터리를 만드는 주요 원료야. 볼리비아 우유니 사막이 최대 매장 지역이야.

칠레 구리

칠레에는 세계에서 가장 많은 구리가 매장되어 있어.

아르헨티나 천연가스

아르헨티나는 천연가스뿐 아니라 아직 개발되지 않은 광물 자원도 풍부해.

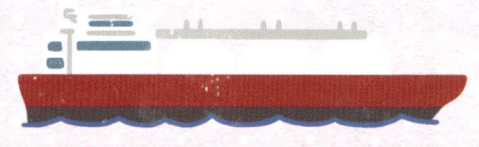

역사가 담겨 있는 건축물

아메리카와 오세아니아에는 개성 있는 멋과 아름다움을 뽐내는 건축물들이 많아요. 아름다움 속에 흥미로운 역사를 담고 있지요. 페루의 마추픽추에는 수천 년 전 남아메리카에 살았던 마야인들의 수준 높은 과학 지식이 담겨 있어요. 뉴욕항의 자유의 여신상에는 미국이 영국으로부터 독립한 역사가 담겨 있지요. 건축물들을 통해 과거와 현재를 들여다볼까요?

백악관 | 미국
미국 대통령의 공식 거처이자 주요 업무지이며, 전 세계 정치의 중심지야.

엠파이어 스테이트 빌딩 | 미국
엠파이어 스테이트 빌딩은 미국이 '세계 최고'를 목표로 지은 건물로, 총 102층, 381미터야. 이 빌딩이 나온 영화가 무려 90편이 넘는다고 해.

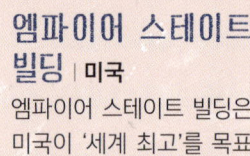

자유의 여신상 | 미국
미국 뉴욕의 맨해튼에 있는 자유의 여신상은 프랑스가 미국의 독립을 기념해서 선물한 건축물이야.

모아이 거석상 | 칠레
칠레의 이스터섬에는 거대한 얼굴 모양의 모아이 석상이 있어. 섬 전체에 무려 887개의 모아이 석상이 있는데, 평균 3.5~5.5미터 높이에 20톤 정도의 무게라니 대단하지.

티바우 문화 센터 | 누벨칼레도니섬(프랑스령)
소나무와 원주민의 전통 가옥 까즈를 모티브로 설계했는데, 세계 5대 건축물로 선정되었어.

엘 카스티요 피라미드 | 멕시코
멕시코의 치첸이트사는 1000년경에 발전했던 마야 문명의 중심지야. 이곳에서 가장 대표적인 건축물이 바로 엘 카스티요 피라미드야. 마야인들의 뛰어난 수학과 천문학 지식을 알 수 있는 건축물이지.

태양의 피라미드 | 멕시코
태양의 피라미드는 '신의 도시'로 불리던 멕시코의 고대 도시 테오티우아칸을 상징하는 건축물이자 아메리카 대륙 최대의 고대 건축물이야.

해비타트 '67 | 캐나다
몬트리올에 있는 해비타트 '67은 12층짜리 주택 단지야. 획일적이고 답답한 현대 도시 생활을 벗어나고자 하는 의미를 담아 지었어.

몬트리올 바이오스피어 | 캐나다
몬트리올 바이오스피어는 4분의 1이 땅 속에 묻힌 듯한 돔 형태의 구조물로 생물이 숨 쉬며 살아가는 환경을 의미한다고 해.

구원의 예수상 | 브라질
코르코바도 바위산 정상에 있는 구원의 예수상은 세계 7대 불가사의 중 하나로 유명해.

마추픽추 | 페루
마추픽추는 해발 2,430미터에 자리한 잉카 제국의 신비로운 유적지야. 정확히 누가 왜 건설했고, 누가 살았는지 등 밝혀진 게 거의 없어.

브라질리아 대성당 | 브라질
브라질의 수도 브라질리아에 1970년 세워진 성당이야. 16개의 거대한 콘크리트 기둥이 쌍곡선 구조를 이루는 특이한 형태로 지어졌어.

시드니 오페라 하우스 | 오스트레일리아
시드니 오페라 하우스는 조개껍데기 모양의 지붕이 아주 독특해. 오스트레일리아를 대표하는 건축물이지.

라스 라하스 성당 | 콜롬비아
이피알레스의 자연 절벽 사이에 지어진 성당이야. 세계 10대 비경 중 하나로 손꼽히는 아름다운 건축물이지.

재규어의 신전 | 과테말라
마야 문명의 도시 유적에서 가장 대표적이며 아름다운 건축물은 높이 51미터의 9층 피라미드 구조로 올려진 왕의 무덤이자 신전인 '재규어의 신전'이야.

정육
아메리카와 오세아니아는 목축업이 발달했어. 브라질은 세계에서 제일가는 쇠고기 생산국이고, 미국은 세계에서 두 번째 가는 돼지고기 생산국이야.

초원이 넓은 오스트레일리아와 뉴질랜드는 세계적인 양고기 수출국이랍니다.

지구촌을 먹여 살리는 아메리카와 오세아니아의 농산물

아메리카와 오세아니아는 평원이 넓고 기후가 온화해서 농사를 짓기에 적당해요. 북아메리카에서는 콩, 옥수수, 밀 등의 곡물이, 남아메리카에서는 커피, 바나나, 사탕수수 등의 농산물이 재배되고 있어요. 넓은 초원이 있는 오세아니아에서는 쇠고기와 양고기, 이것을 이용한 유제품이 생산되지요. 이 농산물들은 전 세계로 수출되고, 우리 식탁에도 오르고 있어요.

각양각색의 매력을 가진 도시

아메리카와 오세아니아에는 독특한 특징과 매력을 가진 도시들이 많아요. 미국의 뉴욕은 세계 금융의 중심 도시로, 브라질의 상파울루는 커피의 도시로, 아르헨티나의 부에노스아이레스는 삼바의 도시로 유명하지요. 아메리카의 도시들은 서로 경쟁하기도 하고, 좋은 영향을 주고받으며 세계를 이끌어 나가고 있어요.

캐나다 제1의 도시
캐나다의 토론토

가장 작고 북극에 가까운 도시
그린란드의 누크

미국의 수도이자 심장 역할을 하며 세계를 이끌어 가는 도시
미국의 워싱턴 D.C.

주민 대부분이 프랑스계 사람이어서 '북아메리카의 파리'로 불리는
캐나다의 퀘벡

미국에서 가장 오래되고, 크고, 세계적인 도시
미국의 뉴욕

아메리카 대륙에서 가장 역사가 오래되었고, 대기 오염이 심한 도시
멕시코의 멕시코시티

에스파냐 식민지 시대 때인 16세기의 역사가 그대로 살아 있는 도시
쿠바의 트리니다드

빈곤, 정치적 불안과 부패 등으로 범죄율이 높아 세계에서 가장 위험한 도시
베네수엘라의 카라카스

도시 전체가 세계 문화유산인 전통과 역사의 도시
페루의 리마

세계에서 가장 높은 곳에 위치하고 있어서 '구름에 닿은 도시'라고 불리는
볼리비아의 라파스

브라질에서 가장 유명한 도시이자 세계적인 커피의 도시
브라질의 상파울루

안데스산맥 위 편평한 곳에 위치한 옛 잉카 제국의 수도
페루의 쿠스코

심각한 환경 오염 도시에서 세계적인 친환경 생태 도시로 거듭난
브라질의 쿠리치바

아르헨티나의 정치·경제·교통·문화 중심지이자 탱고의 도시
아르헨티나의 부에노스아이레스

수도 캔버라보다 유명하고, 많은 여행객들과 이민자들이 찾는 세계적인 도시
오스트레일리아의 시드니

흔들리고 갈라지는 아메리카와 오세아니아의 지진

우리가 사는 지구에는 크고 작은 지진이 자주 일어나요. 그중 집이나 건물이 무너지고 사람을 다치게 하는 큰 지진은 태평양을 고리 모양으로 두르고 있는 '불의 고리'라는 지진대에서 자주 일어나요. 미국 서부, 알래스카, 남아메리카 안데스산맥, 칠레 서부, 뉴질랜드 등이 '불의 고리'에 속해 있는 지진 위험 지대예요.

지진이란 뭘까?
우리가 살고 있는 지구 표면은 여러 개의 판으로 이루어져 있어. 이 판들이 끊임없이 움직이면서 생기는 충격으로 지구 표면이 진동하는 현상이 바로 지진이야.

환태평양 조산대

세계를 깜짝 놀라게 했던 큰 지진

2006년 통가(진도 8.0)

2014년 파푸아 뉴기니(진도 7.5)

지진이 일어나는 이유는 뭘까?

지층(암석이 층을 이루며 쌓여 있는 것)이 휘어지거나 끊어질 때

화산이 폭발할 때

원유나 지하수 개발로 땅이 꺼질 때

강력한 폭발물이 터질 때

1964년 미국의 알래스카주 앵커리지 근처(진도 9.2)

지진대와 화산대
아메리카 대륙에는 태평양을 끼고 서해안 지역에 띠 모양의 지진대가 있어. 지진이 자주 일어나는 지역과 화산이 있는 지역은 거의 같아.

2010년 아이티(진도 7.0)

지진 규모에 따른 피해

① 진도 3.5 미만
거의 느끼지 못하지만 지진계에 기록돼.

1960년 칠레의 콘셉시온(진도 9.6)

② 진도 3.5~5.4 창문이 흔들리고 책상 위에 올려놓은 물건들이 떨어져.

③ 진도 5.5~6.0
벽에 금이 가며, 서 있기가 곤란해.

⑤ 진도 7.0~7.9
집이나 건물이 파괴되고, 땅에 균열이 생겨.

⑥ 진도 8.0 이상
마을 대부분이 완전히 파괴돼.

④ 진도 6.1~6.9
집이나 건물의 30퍼센트 이하가 파괴돼.

저마다 다른 맛과 향, 음식

아메리카와 오세아니아의 음식은 기후, 산업, 문화, 역사 등에 따라 나라별로 서로 다른 특성이 있어요. 그린란드의 날고기 음식은 추운 지방에서 비타민을 얻기 위한 것이고, 이민자들의 나라 미국은 전 세계 음식 문화가 섞여 햄버거 같은 새로운 음식을 만들어 냈어요. 남아메리카는 과거 유럽 국가의 지배를 받은 영향으로 퓨전 음식이 발달했답니다.

캐나다의 푸틴
캐나다의 대표 간식인 감자튀김. 1950년대 후반 퀘벡주에서 처음 등장한 프랑스풍의 캐나다 패스트푸드야.

익히지 않은 채 쫄깃한 식감을 즐기며 먹어.

그린란드의 마딱
지방이 조금 붙어 있는 고래 껍질로 그린란드인이 가장 좋아하는 음식.

미국의 햄버거와 콜라
쇠고기를 갈아 납작하게 만든 패티를 구워 빵 사이에 끼워 먹는 햄버거와 탄산음료인 콜라는 미국의 대표적인 패스트푸드야.

쿠바의 로파 비에하
채 친 쇠고기 옆구리 살과 토마토소스로 요리한 쿠바의 대표 음식. 쇠고기를 잘게 찢어 토마토소스, 양파, 피망 등을 넣어 요리해.

멕시코의 타코
옥수숫가루를 반죽하여 구운 얇고 넓적한 빵 '토르티야'에 고기와 채소를 올려놓은 뒤 반으로 접어 먹는 요리야.

베네수엘라의 아레파
옥수숫가루로 만든 반죽을 둥근 형태로 굽거나 튀긴 전통 음식이야. 대개 가운데에 고기나 치즈, 채소 등을 넣어 먹어.

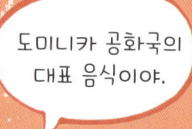

도미니카 공화국의 대표 음식이야.

브라질의 페이조아다
브라질 사람들이 일주일에 한 번은 꼭 먹는다는 대표 음식이야.

도미니카 공화국의 산꼬초
고기와 유카, 옥수수 등을 넣고 끓여.

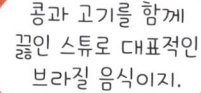

콩과 고기를 함께 끓인 스튜로 대표적인 브라질 음식이지.

콜롬비아의 반데하 빠이사
콜롬비아의 전통 음식. 쌀밥, 삶은 강낭콩, 돼지고기 소시지, 잘게 간 쇠고기 등으로 만든 모둠 음식이야.

페루의 꾸이
기니피그를 구워 만든 페루의 전통 음식이야.

칠레의 쿠란토
닭고기와 해산물, 떡 등을 넣어 매우 뜨거운 돌 위에서 구운 칠레의 전통 음식이야.

쿠란토는 '뜨거운 돌'이라는 뜻이야.

아르헨티나의 아사도
아르헨티나 대표 요리로, 신선한 쇠고기와 각종 내장을 꼬챙이에 꽂은 뒤 소금을 뿌려 숯불에 구워 만드는 바비큐야.

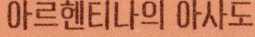

오스트레일리아의 피시 앤 칩스
길쭉하게 썬 감자와 반죽을 입힌 생선을 튀겨서 만든 패스트푸드야. 원래 영국의 대표 요리인데 오스트레일리아, 캐나다, 뉴질랜드 등의 영국 연방 국가에서 사랑받고 있어.

파푸아 뉴기니의 무무
파푸아 뉴기니의 전통 음식. 구덩이에 뜨겁게 달군 돌을 채워 넣은 다음 그 위에 돼지고기나 닭고기, 바나나 등을 함께 올려 익혀 먹는 요리야.

사모아인들의 천연 보양식.

뉴질랜드의 항이
땅에 구덩이를 파서 오븐을 만들어 나뭇잎이나 포일에 싼 고기나 채소를 익혀 먹는 전통 음식이야.

사모아의 팔롤로
남태평양 바다에서 사는 벌레가 재료인데, 징그러운 모양새와 달리 고소하고 감칠맛이 나지.

함께 고민하고 해결해야 할
아메리카와 오세아니아의 문제

아메리카와 오세아니아는 다른 대륙에 비해 상당히 짧은 시간에 급속도로 발전했어요. 두 대륙의 나라들은 전 세계의 산업을 이끌고, 많은 양의 농산물을 공급하는 등 아주 중요한 역할을 하고 있지요. 하지만 화려한 발전 뒤편에는 여러 가지 심각한 문제가 있답니다.

아메리카와 오세아니아는 나날이 눈부시게 발전하고 있어.

하지만 그만큼 심각한 문제점들도 가지고 있지.

오늘날 아메리카와 오세아니아에는 여러 가지 문제가 있지만 우리 모두 마음을 모아 고민한다면 꼭 좋은 해결책이 나올 거야!

빈부 격차 부자 나라와 가난한 나라의 빈부 차이가 심하고

빈민가 세계적인 도시의 뒤편에는 지독한 가난과 범죄가 들끓는 빈민가가 있고

인종 차별 피부색으로 사람을 다르게 대하는 인종 차별이 있어.

사모아 원주민

오스트레일리아인

오스트레일리아 원주민

뉴질랜드 원주민

길쭉길쭉 세모난 아메리카의 친구들은

우리랑 많은 것이 다르고 낯설어요.

하지만 우린 전혀 어색하지 않아요.

그곳에도 우리처럼 장난기 많고, 놀기 좋아하고,

공부라면 고개를 절레절레 젓는 친구들이 많거든요.

많은 것이 다르지만

다른 것이 어우러져 하나가 되는 지구촌.

우린 모두 친구예요!

글 예영

어린이 친구들이 신나고 재미있게 읽을 수 있는 다양한 분야의 교양 도서와 동화를 쓰고 있어요. 그동안 쓴 책으로는 《닭답게 살 권리 소송 사건》, 《지구촌 곳곳에 너의 손길이 필요해》, 《칸트 아저씨네 연극반》, 《귀신 쫓는 삽사리 장군이》, 《어린이를 위한 법이란 무엇인가》 등이 있습니다.

그림 염예슬

연필의 사각거림이 좋아서 그림을 그리게 되었어요. 지나온 시간이 많지 않지만 사람들의 곁과 글을 더욱 아름답게 만들어 주는 그림은 무엇일까 하고 늘 생각해 왔지요. 그린 책으로는 《데카르트 아저씨네 마을 신문》, 《코쿠스와 핀들, 지구를 구하다》, 《내 머리 사용법 ver 2.0》이 있습니다.

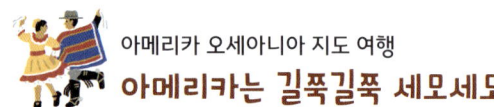

아메리카 오세아니아 지도 여행
아메리카는 길쭉길쭉 세모세모

2017년 11월 30일 1판 1쇄

지은이 예영 | 그린이 염예슬

편집 최일주, 이혜정, 김인혜 | **편집진행** 신혜영 | **교정** 한지연 | **디자인** 민트플라츠 송지연
제작 박흥기 | **마케팅** 이병규, 이민정 | **인쇄** 코리아피앤피 | **제책** 책다움

펴낸이 강맑실 | **펴낸곳** (주)사계절출판사 | **등록** 제406-2003-034호
주소 (우)10881 경기도 파주시 회동길 252
전화 031)955-8588, 8558 | **전송** 마케팅부 031)955-8595, 편집부 031)955-8596
홈페이지 www.sakyejul.co.kr | **전자우편** skj@sakyejul.co.kr
독자 카페 사계절 책 향기가 나는 집 cafe.naver.com/sakyejul
트위터 twitter.com/sakyejul | **페이스북** facebook.com/sakyejul

ⓒ 예영, 염예슬 2017

값은 뒤표지에 적혀 있습니다. 잘못 만든 책은 구입하신 서점에서 바꾸어 드립니다.

사계절출판사는 성장의 의미를 생각합니다. 사계절출판사는 독자 여러분의 의견에 늘 귀 기울이고 있습니다.

979-11-6094-309-2 77900

이 책의 국립중앙도서관 출판시도서목록(CIP)은 다음 홈페이지에서 이용할 수 있습니다.
http://www.nl.go.kr/ecip CIP제어번호: CIP2017028051